MON ITINÉRAIRE

DU HAVRE A SAN-FRANCISCO

ET

DANS L'INTÉRIEUR DE LA CALIFORNIE

En 1849 et 1850

PAR

Alexandre ANDRÉ

PARIS
TYPOGRAPHIE PLON-NOURRIT ET Cie
8, RUE GARANCIÈRE — 6e

1913

MON ITINÉRAIRE

DU HAVRE A SAN-FRANCISCO

ET

DANS L'INTÉRIEUR DE LA CALIFORNIE

En 1849 et 1850

MON ITINÉRAIRE

DU HAVRE A SAN-FRANCISCO

ET

DANS L'INTÉRIEUR DE LA CALIFORNIE

En 1849 et 1850

PAR

ALEXANDRE ANDRÉ

PARIS
TYPOGRAPHIE PLON-NOURRIT ET Cie
8, RUE GARANCIÈRE — 6e

1913

MON ITINÉRAIRE

DU HAVRE A SAN FRANCISCO

ET

DANS L'INTÉRIEUR DE LA CALIFORNIE

EN 1849 ET 1850

Partis le 23 mai 1849, à 10 heures du matin, du Havre, à bord du trois-mâts le *Georges* de 432 tonneaux, capitaine Casperd, et Plaigne, capitaine porteur d'expédition, avec environ 125 passagers et 20 hommes d'équipage, nous arrivions le 9 juin, à 7 heures du matin, à l'île de Madère, dont Funchal est la capitale et le port de mer; j'ai vu bien peu de villes d'un aspect aussi agréable, la végétation y est admirable, la température reste toute l'année entre 20 et 30 degrés Réaumur; on y récolte tous les fruits des pays intertropicaux; la population, au dire des habitants, est de 25 000 âmes pour Funchal et 100 000 pour toute l'île, je crois ce chiffre exagéré au moins de moitié ; il y a plusieurs églises; les décors qu'on aperçoit encore annoncent une splendeur qui n'existe plus de nos jours; le port par un gros temps n'offre aucun abri aux navires, il n'est pas très fréquenté : il y avait à peine huit à dix bricks ou goélettes et deux frégates de guerre américaines.

Nous repartons le 13, à 5 heures du soir, emportant, entre autres provisions, un bœuf, quelques dindes, beaucoup de poulets et de canards, et une demi-douzaine de moutons; des pommes de terre, des courges, des choux, du vin de l'île que nous avions trouvé bon et pas trop cher; pendant huit à dix jours nous avons eu un très bon vent arrière, nous faisions beaucoup de chemin et bonne route; dans nos calculs nous espérions déjà effectuer notre traversée en moins de quatre mois, mais nous comptions sans le cap Horn, et nous avons été obligés de revenir de nos premières idées; sous les tropiques nous avons eu huit jours de calme plat; une après-midi, quelques passagers ayant demandé la permission au capitaine de prendre un bain dans la mer, en un instant la moitié des hommes à bord se jetèrent dans l'eau; ce genre d'exercice est toujours très dangereux; en effet, au moment où tous ces nageurs faisaient des pirouettes dans l'eau, un vieux militaire du temps de l'Empire, qui voulait faire le jeune homme, se démonte une épaule; il a encore la force malgré cela de rejoindre le navire, mais ne pouvant monter à cause de l'élévation des bords qui étaient de plus de douze pieds au-dessus de l'eau, on est obligé de l'attacher et de le hisser à bord; un autre, croyant s'apercevoir que le navire commençait à marcher, essaye inutilement de le rattraper, perdant ses forces avec l'espoir; il allait couler, quand deux de ses camarades arrivent à son secours et en même temps on leur jette une corde au moyen de laquelle ils peuvent se hisser à bord; les traînards faisaient leurs dernières évolutions à la mer, lorsque tout à coup on entend sur l'arrière ces mots : un requin, un requin! En effet, on apercevait un de ces animaux qui accourait de toute la vitesse de ses nageoires; en un instant il n'y eut plus personne en mer, mais nos amateurs gardaient rancune au requin de les avoir dérangés; pour l'amorcer, ils lui jetèrent un morceau de lard, pendant que d'autres allaient chercher un émerillon, espèce de hameçon au bout duquel on mit encore du lard; le requin vint le flairer, puis essaya de le mordre, mais, malheureusement pour lui, on retira immédiatement la corde au bout de laquelle était attaché l'émerillon et le requin se trouva suspendu en l'air par sa mâchoire transpercée; on le hissa à bord, un matelot qui se tenait prêt, lui abattit la tête d'un coup de hache; malgré cela il donna encore longtemps des signes de vie. La viande du requin n'est bonne ni à manger, ni à faire de l'huile; cependant, quelques-uns de nous ayant manifesté le désir de manger du requin, on en servit un plat, mais l'odeur très forte que répandait cette viande, fit que bien peu de personnes en goûtèrent.

Arrivés sous l'équateur, l'équipage demanda au capitaine l'autorisation de faire le baptême; le capitaine, en homme très prudent, ne crut pas devoir l'accorder, car il arrive très souvent des abus ; on baptise d'abord les matelots qui n'ont jamais passé sous la ligne, et ensuite, on passe aux passagers que l'on prend quelquefois même de force; ce genre de passe-temps, qui est très amusant pour beaucoup, devient quelquefois très vexatoire pour certains, aussi survient-il souvent des rixes, et le capitaine, une fois la permission accordée, est impuissant à maintenir l'ordre à son bord. Pendant tout le temps que nous avons mis à aller d'un tropique à l'autre, nous avons eu très chaud; nous avons vu des levers et des couchers de soleil comme on ne peut pas s'en faire une idée dans nos pays froids et montagneux; à deux reprises différentes nous avons été pris par des calmes qui n'ont pas duré moins de quinze jours. Le premier coup de vent que nous avons ressenti, c'est par le travers de Montévidéo, nous avons été fortement secoués; la mer était très grosse, et pendant tout un jour nous sommes restés en cape. La cape, c'est lorsque la mer trop grosse et le vent trop fort ne permettent plus de naviguer; on replie toutes les voiles, le navire ne gouvernant plus va où le poussent le vent et les vagues; dans ce mauvais temps un chat tomba à la mer; les matelots, qui l'avaient apporté du Havre et qui sont généralement très superstitieux, disaient que c'était de mauvais augure, que cela signifiait un malheur, et ils en étaient tous attristés à l'avance.

Deux jours après, en effet, à 1 heure du matin, par un beau temps, l'officier qui était de quart commande une manœuvre, les matelots montent sur les mâts, par les échelles en corde qui sont sur les haubans; arrivés à la hauteur de la hune, une corde transversale formant échelle casse et reste dans les mains de celui qui la tenait; ce pauvre malheureux, ayant perdu son équilibre et ne pouvant se retenir à rien, tomba à la renverse sur le pont, d'une hauteur de plus de quarante pieds; le bruit que produisit cette chute réveilla tout le monde; on accourut de toutes parts sur le pont; trois médecins que nous avions à bord, s'empressèrent autour de ce pauvre matelot, mais tout secours était inutile, le crâne était brisé et la mort avait été instantanée; il fut déposé dans un coin du navire, à côté de lui brûlaient deux bougies; un des passagers, qui avait fait ses études pour être prêtre, récita des prières pendant le reste de la nuit; à 8 heures du matin, il fut enseveli dans un cercueil et à 2 heures après-midi, en présence de tous les passagers et de l'équipage récitant des prières, il fut lancé à la mer; la brise était très faible; dans ce moment, nous marchions très peu; le remous que produit le navire attirait constamment à lui le cercueil de ce pauvre malheureux; pendant deux heures au moins nous l'avons vu dans cette position pénible; on aurait cru qu'il s'était attaché au vaisseau et qu'il ne voulait plus le quitter. C'était bien le meilleur matelot du bord que nous perdions là; enfin, la brise augmentant, en nous faisant filer plus vite, le cercueil nous laissa, mais pendant longtemps encore nous le vîmes sur la surface des eaux; ordinairement, un individu qui meurt à la mer est enseveli dans une toile à voile; à ses pieds on forme avec cette voile une poche dans laquelle on met un boulet, ou, à défaut, des cailloux qui l'entraînent immédiatement au fond de la mer; pendant quelques jours la gaîté avait disparu du navire, mais comme il est dans la nature humaine de tout oublier, dans très peu de temps on ne pensa plus à ce malheur; nous arrivâmes par le travers de l'île des États, que nous aperçûmes même, sans trop de mauvais temps, mais ensuite, pour doubler le cap Horn, nous restâmes trente-sept jours, et presque constamment en cape; nous avons eu un temps affreux; la neige, la brise très froide et forte faisaient souvent descendre le baromètre jusqu'à 6 et 10 degrés au-dessous de zéro; le pont était fréquemment recouvert par les vagues. Le cap Horn se trouve situé par 54° 20' de latitude sud; nous tentâmes longtemps, mais inutilement, de le doubler par 55 ou 56°; ne pouvant y réussir, nous laissâmes porter plus au large et en quelques jours nous arrivâmes par 59° 30'. Au moyen d'une longue vue, nous aperçûmes des glaçons qui n'étaient qu'à quelques lieues de nous. Le capitaine fit alors virer de bord et bien lui en prit, car nous aurions été infailliblement pris par les glaces; un navire que nous avons trouvé plus tard à Valparaiso, ayant voulu doubler le cap Horn par 60° est resté pendant quinze heures pris dans les glaces qui lui ont fait d'assez fortes avaries; enfin, après beaucoup de manœuvres et de mauvais temps, le vent ayant tourné un peu, nous en profitâmes pour doubler ce maudit cap, qui donne le cauchemar aux matelots les plus intrépides, et qui est bien le point du globe où on éprouve le plus de mauvais temps; nous perdîmes encore là notre cuisinier, qui mourut de phtisie; nous l'avions eu malade pendant près de deux mois.

Quoique le cap fut doublé, nous n'étions pas quitte avec le mauvais temps, nous eûmes constamment grosse mer et forte brise, jusque par le travers de l'île de Chiloë; mais, à mesure que nous approchions, le vent devenait moins fort et moins froid, la mer calme plat, enfin nous aperçûmes les côtes du Chili, par 34° de latitude; de là jusqu'à Valparaiso qui est par 32, nous eûmes toujours les terres en vue; ce sont partout des montagnes arides et sans végétation qui bordent la mer; beaucoup d'oiseaux venaient rôder autour de nous; nous en prîmes un grand nombre et de fort beaux, avec une ligne et un hameçon, à peu près comme on pêche la truite à la ligne dans nos rivières, avec la seule différence que l'hameçon, au lieu de s'enfoncer dans l'intérieur des eaux, surnage toujours à la surface; ces oiseaux de mer sont généralement maigres et huileux, leur chair bonne à manger n'a pourtant rien d'agréable. Avant d'entrer à Valparaiso, nous fûmes encore pris par deux jours de calme plat, ce qui nous contrariait d'autant plus que chacun de nous était bien aise d'aller faire connaissance avec la terre du Chili.

Nous arrivâmes enfin le 26 septembre, après une traversée de cent vingt-six jours du Havre, et cent cinq jours de Madère; un capitaine de port vint d'abord sur notre navire et nous assigna la place que nous devions occuper dans le port; après lui, nous eûmes la visite des marins anglais, qui venaient pour s'assurer si nous ne faisions pas la traite des nègres. Cette visite, que tous les Français considèrent comme très humiliante et qu'ils voudraient bien voir abolir, nous occasionna un petit désagrément; nul n'a le droit de monter sur un navire avant que la Santé ne vous ait admis en libre pratique, l'officier anglais, en venant à notre bord avant la Santé, commettait un acte répréhensible; la Commission de santé venant après et apercevant des étrangers au navire protesta et voulut mettre à l'amende de 500 francs notre capitaine, qui avait permis que MM. les Anglais fissent leur visite avant la Santé; mais heureusement que les Anglais, étant coupables, se chargèrent d'arranger cette affaire, et ils le firent, en effet, à notre satisfaction et un peu aux dépens de la dignité et de l'amour-propre du gouvernement chilien, d'après cet axiome que la raison du plus fort est toujours la meilleure ; nous restâmes à Valparaiso jusqu'au 2 octobre ; nous eûmes tout le temps de voir la ville et les environs ; la population est, au dire des gens du pays, de 50000 au moins ; la ville est bâtie en amphithéâtre, les maisons sont pour la plupart en bois ou en bambou, recouverts de chaux ; ce mode de construction offre plus de garantie contre les tremblements de terre, qui sont très fréquents dans cette partie de l'Amérique. Son commerce est très important et donne beaucoup de mouvement à toute la ville qui y trouve de très beaux bénéfices ; son port est fréquenté par un grand nombre de vaisseaux, et principalement par ceux allant en Californie ; il contenait au moment de notre passage une centaine de navires au moins. Il ne pleut presque jamais à Valparaiso, aussi la végétation y est-elle à peu près nulle ; les montagnes arides offrent un coup d'œil désagréable. On y remarque deux ou trois églises qui n'ont rien de bien curieux; un théâtre, la douane et deux cimetières, l'un catholique et l'autre protestant. Nous repartîmes le 2 octobre à 4 heures du soir. Pendant près d'un mois, nous avons eu plein vent-arrière, aussi filions-nous presque avec autant de rapidité qu'un bateau à vapeur; en moins de trente jours nous avons dépassé l'équateur que nous revoyons pour la deuxième fois, et sommes arrivés sous le tropique où nous avons essuyé une tempête qui a duré pendant près d'un jour; nous avons eu ensuite trois jours de calme plat, puis, les vents sautant du sud au nord, nous avons eu constamment vent debout; nous avons été obligés d'orienter au plus près, nous n'avancions que péniblement; enfin le 20 novembre nous aperçûmes les côtes de la Californie; nous voguâmes toute la journée en vue des terres; nous rencontrâmes beaucoup de navires allant ou revenant de San Francisco, ce qui nous donna déjà une grande idée de l'importance de son port; nous passâmes la nuit à louvoyer en face de l'entrée de la baie; le temps fut mauvais; le capitaine craignit un instant d'être jeté par les courants sur les rochers; nous vîmes arriver le jour avec plaisir, mais malheureusement, avec le jour, vint le brouillard qui ne permettait pas de voir bien loin; en vain le capitaine essaya-t-il en montant sur les mâts d'apercevoir l'entrée de la baie, au moyen de sa longue-vue; on ne voyait rien, on n'entendait que le bruit produit par les vagues se brisant contre les rochers; nous restâmes dans cette triste position jusque vers les 2 ou 3 heures du soir; à ce moment, le brouillard s'étant dissipé nous eûmes le spectacle de sept à huit vaisseaux qui, comme nous, cherchaient à entrer; nous reconnûmes alors distinctement l'entrée de la baie, large de plus d'une demi-lieue; mais il fallait, pour y arriver, passer par-dessus des brisants dont l'aspect seul vous faisait frissonner; là nuit s'avançait, elle paraissait devoir être mauvaise, notre capitaine ne pouvait rester où nous étions sans s'exposer à périr; il fallait ou gagner le large ou rentrer; il se décida pour ce dernier parti; par ses ordres les deux meilleurs matelots se mirent au gouvernail; le moment était très critique, défense fut faite de parler; tous les passagers et hommes d'équipage durent se tenir de côté de manière à ce que les hommes au gouvernail et le capitaine pussent voir en avant la direction du navire; on mit le cap droit sur l'entrée, mais en arrivant sur les brisants le capitaine, qui était pourtant courageux, ayant fait pendant vingt ans la pêche à la baleine, fut tellement effrayé qu'il ordonna immédiatement de virer de bord; nous retournâmes sur nos pas; après un moment d'hésitation, le cap fut mis de nouveau droit à l'entrée, mais en serrant le vent d'un peu plus haut. Avant d'arriver aux brisants, nous aperçûmes un joli petit trois-mâts de 300 tonneaux environ, avec pavillon de la République de l'Équateur, qui cherchait à entrer; il n'était guère qu'à cinq cents pas devant nous, mais comme nous, ayant donné du nez dans les brisants, il vira de bord et vint se mettre à une petite distance derrière nous, voulant profiter de notre manœuvre; nous passâmes assez bien les premiers brisants, mais une fois engagés au milieu, nous vîmes venir derrière nous la mer avec une rapidité effrayante, un bruit qui n'avait rien de semblable au cap Horn; il semblait qu'elle allait prendre tous les cailloux qui se trouvaient dans le fond de ses eaux et qu'elle les broyait les uns contre les autres, ce n'était point une vague, mais une avalanche, une véritable avalanche d'eau, plus blanche que la neige qui arrivait en tourbillonnant, elle prit notre navire par le talon, son choc fut terrible; elle nous fit dévier un peu, mais les matelots qui étaient au gouvernail, d'une main sûre ramenèrent immédiatement le navire sur sa route; bien nous en prit, car presque aussitôt après, une seconde lame arrivant nous aurait pris par le flanc, et notre navire aurait probablement été couché pour ne plus se relever, tandis que nous trouvant prêts à la recevoir elle nous donna un coup de talon qui n'eut pour nous d'autre conséquence que de nous faire avancer plus vite; nous reçûmes trois de ces lames, dont nous soutînmes assez bien le choc; dans tous mes voyages sur mer, même au cap Horn, jamais notre position n'a été aussi critique, mais j'avais tellement confiance dans notre capitaine, dans la solidité de notre navire, et par-dessus tout j'étais tellement fasciné par la beauté du spectacle qui se présentait sous nos yeux, que je n'eus pas un seul instant de crainte, il ne me vint même pas dans l'idée que nous pouvions périr; nous gagnâmes ainsi l'entrée du port; notre exemple donna du courage aux autres navires, ils essayèrent de rentrer, mais je crois que la moitié au moins passa la nuit dehors; la nuit arrivant, la marée descendante nous empêchant d'avancer, nous jetâmes l'ancre à une lieue de l'entrée. De la position où nous étions, on ne peut apercevoir San Francisco, et puis, d'ailleurs, la nuit était si obscure qu'elle ne nous permettait pas de voir bien loin devant nous; nous aperçûmes bien quelques fusées volantes qui partaient de la cime d'une montagne au-dessus de la ville, mais nous ne connûmes pas dans quel but; sur notre droite, mais toujours dans le port, se trouvait une île d'où nous arrivaient de fréquents aboiements de chiens sauvages; nous la nommâmes l'Ile aux Chiens. Nous restâmes là par une pluie battante jusqu'à 8 heures du matin, la marée montante nous permit de lever l'ancre; nous pûmes prendre notre place en face de San Francisco.

J'ai assez parlé de cette ville dans mes lettres; je n'en dirai rien ici, il me suffira de consigner seulement que, bâtie depuis trois ans à peine, et ayant eu à supporter quatre incendies considérables, San Francisco comptait encore, au 1er octobre 1850, une population de près de 60 000 âmes; je ne pense pas qu'à aucune époque il y ait jamais eu, sur toute la surface du globe, une ville aussi prospère et construite en aussi peu de temps.

En avril 1850, on parlait beaucoup, à San Francisco, des placers de la Trinité; on disait que les travailleurs les moins heureux ne ramassaient pas moins de 500 francs par jour; on ajoutait que ces placers n'étaient qu'à trois lieues des bords de la mer, que beaucoup de navires y étaient allés et n'avaient pu réussir à trouver l'entrée de la baie, que du reste les sauvages en très grand nombre empêchaient le débarquement des passagers ou massacraient ceux qui étaient parvenus à se rendre à terre; et une infinité d'autres contes plus ou moins absurdes. J'ai dû prendre pour habitude de ne croire que ce que je vois, et je me méfie surtout des journaux américains; il n'y a pas de jours qu'ils ne contiennent quelque pouf. Sans ajouter foi à tout ce qui se disait de merveilleux sur les placers de la Trinité, je pensai qu'il se formerait une ville sur les bords de la mer pour approvisionner l'intérieur, que cette ville prendrait immanquablement une grande importance, et qu'en y établissant un magasin de vivres on pourrait y gagner beaucoup d'argent. Mon frère étant à San Francisco m'enverrait des marchandises, et je n'aurais qu'à les vendre; je me décidai donc à tenter le voyage, j'assurai mon passage sur le navire *Colonel-Tayloé*. J'étais avec une dizaine de personnes de connaissance, des Français, des Suisses; nous nous embarquâmes le 13 avril 1850 et mîmes à la voile à 2 heures de l'après-midi; le vent était très fort et contraire à notre sortie du port; nous fûmes obligés de tirer des bordées; enfin à la nuit tombante nous étions hors de la baie; le capitaine, craignant de briser son navire contre quelque rocher, fit jeter l'ancre; nous passâmes une très mauvaise nuit, au milieu des brisants; nous avions à craindre que notre navire ne chassât sur ses ancres et que nous ne fussions jetés à la côte; heureusement, le jour arrivant, nous sortîmes de notre fâcheuse position et mîmes à la voile. San Francisco se trouve par 37-30° de latitude Nord, la Trinité par 41°; nous avions à peine 80 lieues à faire; avec un bon vent on peut les faire en un jour; mais depuis le mois de mars jusqu'en octobre et novembre, le vent du nord règne sur toute la côte de Californie et on n'avance que très péniblement contre le vent.

Pour notre début, nous essuyâmes un très gros temps pendant trois jours; notre capitaine, Américain, ne parlant pas français, ne nous fit jamais part de ses observations; nous dûmes être rejetés fortement en arrière : je ne sais trop où nous avons été; mais le onzième jour, approchant très près de la terre, nous reconnûmes facilement l'entrée de la baie de San Francisco, c'est-à-dire que pendant huit jours nous avions travaillé pour gagner le terrain que trois jours de mauvais temps nous avaient fait perdre; l'eau et le bois, pour faire la cuisine, commençaient à devenir rares; il eût été prudent de relâcher à San Francisco, pour renouveler nos provisions; le capitaine ne le crut pas convenable; nous continuâmes notre route; arrivés par 39°, nous fûmes assaillis une seconde fois par un coup de vent qui dura plus de deux jours, qui nous rejeta encore en arrière; notre navire était un brick de 200 tonneaux à peine, vieux et en mauvais état; il faisait de l'eau de partout : la cale était presque pleine; d'autre part, n'ayant presque pas de marchandises à bord, le navire ne s'enfonçait pas assez dans l'eau et tenait très mal la mer; nous étions environ 90 passagers, ou hommes d'équipage; il ne nous restait plus qu'une barrique d'eau, on nous en faisait tous les jours une distribution d'un demi-litre environ, et quelle eau, grand Dieu ! Je défie qu'à terre il y ait un chien ou un cheval qui veuille en boire ; nous n'avions plus de vivres, il ne nous restait que des biscuits. Nous couchions tous dans un entrepont bas et puant ; quelques-uns qui étaient très sales répandirent dans tout le navire une grande quantité de vermine, nous en fûmes tous plus ou moins atteints. Quelques-uns avaient l'immense avantage de coucher dans des hamacs, ou sur des planches, mais le plus grand nombre sur des caisses ou des barriques. Quant à moi, j'étais un des plus mal partagés : je couchais sur une malle dont le dos rond me forçait, pour conserver mon équilibre, à ne dormir que d'un œil ; d'un autre côté, la position que j'occupais se trouvait justement sous le panneau qui donne de l'air à l'entrepont ; aussi, chaque fois qu'une lame arrivait sur le navire, j'étais inondé. On commençait à murmurer et peut-être y aurait-il eu une insurrection sur le navire ; on accusait le capitaine d'ignorance et ce n'était pas sans motifs ; ce dernier, craignant pour lui, fit annoncer qu'il allait revenir à San Francisco; en effet, nous virâmes de bord presque immédiatement, et, deux jours après, c'est-à-dire le 30 avril, nous rentrions dans la baie de San Francisco, après dix-sept jours de mer. Il ne manquait, pour couronner un voyage si bien rempli, que le naufrage; nous débarquâmes immédiatement pour renouveler nos vivres, l'armateur du navire nous fit prévenir à terre qu'il repartirait le surlendemain, de nous tenir prêts; en effet le 2 mai, à 6 heures du soir, tout le monde était à bord; nous partîmes le 3, à 5 heures du matin; cette deuxième édition du même voyage fut encore longue, mais n'eut pas les mêmes contretemps que la première; nous arrivâmes le 13, à 9 ou 10 heures du matin, c'est-à-dire que, pour faire un voyage qui en temps ordinaire ne devrait pas demander plus de deux ou trois jours, nous restâmes trente jours. Nous débarquâmes immédiatement.

La baie de la Trinité, si toutefois on veut l'appeler une baie, est ouverte à tous les vents; par un gros temps, aucun navire ne pourra y tenir, la mer brise sur les côtes comme dans les endroits les moins abrités. Les matelots étaient ivres, ce qui chez les Américains est presque à l'état normal; ils étaient chargés de mettre à terre les marchandises des passagers; les barques qui les emmenaient ne pouvant aborder jusqu'au rivage, nous étions obligés de nous mettre dans l'eau jusqu'à la ceinture et d'emporter sur nos épaules ce qui nous appartenait, bien heureux encore quand nous pouvions empêcher ces misérables matelots de jeter nos vivres à la mer, ce qu'ils firent pour plusieurs; bien des barriques de biscuits et de sucre ont été perdues ainsi.

La ville de la Trinité se composait, à cette époque-là, d'une cinquantaine de maisons en bois ou en zinc et d'une centaine de tentes; c'est dans ce pays où j'ai remarqué la plus belle végétation de toute la Californie; les champs étaient couverts d'herbes très hautes et de fleurs de la plus belle espèce; la forêt qui arrivait jusque dans la ville était presque en totalité composée d'arbres résineux et à épines, de toutes les espèces; ils étaient d'une beauté dont on ne peut pas se faire une idée en France; à côté de la ville se trouvait un petit village de sept ou huit maisons, habité par des sauvages; ils étaient tout au plus trente ou quarante; ils venaient nous voir souvent, nous apportaient des coquillages de la mer et quelquefois du poisson, et demandaient des perles en échange; les hommes allaient entièrement nus, les femmes avaient une espèce de tunique qui les prenait de la ceinture jusqu'aux genoux, elle était faite avec des peaux de cerf ou de chevreuil. Ils étaient de taille moyenne, plutôt petits que grands, le teint cuivré, les cheveux très noirs; les femmes seules se tatouaient la lèvre inférieure; elles sont chargées des soins du ménage; les hommes se livrent quelquefois à la chasse et à la pêche; ils ne se séparent jamais de leurs flèches, dont ils se servent avec beaucoup d'adresse; leurs maisons sont en planches, qu'ils coupent eux-mêmes sur les arbres tombés de vétusté; en faisant voler des éclats, je ne sais comment ils s'y prennent car ils n'ont pas d'instruments tranchants en métal, ils pratiquent dans le bas une ouverture ronde par où ils rentrent ou sortent, à peu près comme celles qui sont sur les niches à chiens.

Je ne dirai rien de tout ce que nous avons fait pendant un séjour de près d'un mois à la Trinité, où nous n'avions pour toute nourriture que du biscuit et du porc salé, point de viande fraîche; nous attendions des nouvelles des placers, on n'en avait pas encore reçu depuis le départ des mineurs; là, comme à San Francisco, on faisait toutes sortes de conjectures, mais ce que nous apprîmes avec un grand déplaisir, c'est que les placers, au lieu de se trouver à trois lieues de la Trinité, en étaient éloignés de dix à douze journées de marche, et que les chemins pour s'y rendre étaient affreux, constamment monter ou descendre au travers des bois impénétrables; on ne prenait pas moins de 10 francs par *livre* pour le transport des marchandises, et encore il n'y avait que trois chevaux appartenant à un Canadien, qui demandait un prix exorbitant pour leur location; enfin trois Français, montés sur trois chevaux, qui revenaient des placers, nous en donnèrent des nouvelles; ce n'était pas du tout ce qu'on nous avait dit à San Francisco, mais, malgré cela, les nouvelles n'étaient pourtant pas trop mauvaises; ces trois Français trouvèrent à charger leurs trois chevaux pour le compte de plusieurs individus et à raison de 50 francs la livre; nous étions environ vingt-cinq, tous Français ou Suisses, un Danois et un Italien; nous décidâmes de partir ensemble; en effet, vers les 2 ou 3 heures de l'après-midi, dans les premiers jours du mois de juin, notre caravane se mit en route; nous portions chacun sur notre dos un sac contenant un changement complet d'habillement, des couvertures pour coucher et des vivres pour douze jours; quelques-uns avaient des fusils; le poids de mon sac était de 55 à 56 livres; il y en avait qui ne portaient pas plus de 30 livres, d'autres étaient chargés de 75, ce qui était énorme pour le pays que nous avions à traverser; la marche était ouverte par un Français des environs de Bitche (Moselle), qui, comme beaucoup de ses camarades, ne parlait pas un mot de français; il avait avec lui un cheval chargé de vivres; il avait déjà fait le trajet, nous le prîmes pour notre guide; les sentiers étant très étroits, nous étions obligés de marcher un à un; nous nous reposions invariablement toutes les demi-heures. Dans une halte, arrivés sur un plateau dont la vue s'étend au loin, nous nous aperçûmes que la moitié de la caravane ne suivait pas; quelques-uns des plus âgés avaient voulu vider une dernière bouteille de vin; ils avaient retenu avec eux deux chevaux et les propriétaires de ces chevaux; nous n'en continuâmes pas moins notre route, espérant qu'ils nous rattraperaient à la couchée. Notre première demi-journée fut assez forte; nous arrivâmes à la nuit close, passablement fatigués, surtout par le poids de notre sac; le lieu de notre campement était très mal choisi : c'était au milieu d'une prairie où nous avions de l'herbe par-dessus la tête; le sol était très humide; pas d'eau de source, nous n'en trouvâmes que dans une mare croupissant au milieu de la prairie;

aussitôt arrivés, nous mîmes sacs à terre, et immédiatement chacun s'empressa d'aller chercher, l'un de l'eau, l'autre du bois, d'autres allumèrent les feux; lorsque tout fut terminé, nous nous rangeâmes autour des feux pour faire sécher nos vêtements trempés par la sueur, pendant que notre souper se préparait; une fois prêts, nous le dévorâmes, et, étendant nos couvertures sur les herbes, nous nous couchâmes, ayant eu soin au préalable de bien garnir notre feu, afin d'être préservés de l'humidité de la nuit, humidité d'autant plus forte que nous étions très rapprochés de la mer; pendant la nuit, ceux qui se réveillaient avaient soin d'alimenter les feux; cette précaution n'était pas inutile, car le matin, à notre lever, nos couvertures étaient très humides par la rosée; pour une première nuit passée à la belle étoile, sans tente, je dormis parfaitement; le matin, une fois notre déjeuner pris, nous partîmes à 5 heures; les retardataires de la veille n'avaient pas rejoint; nous apprîmes plus tard qu'ils avaient campé à une demi-lieue de nous; cette partie de la route, jusqu'à la dînée, se fait sur les bords de la mer, sur des sables mouvants qui, fuyant sous les pieds, vous fatiguent beaucoup; pour moi qui n'avais que des souliers sans guêtres, j'étais constamment obligé de sortir les cailloux qui s'étaient introduits dans mes souliers; heureusement je n'eus pas les pieds blessés. Nous marchions un peu à la débandade, chacun suivant la force de ses jarrets; nous arrivâmes enfin au campement; le lieu était très mal choisi; pas un morceau de bois pour faire du feu; beaucoup de difficultés pour avoir de l'eau douce, sur une côte assez escarpée où nous ne trouvions pas le moindre ombrage pour nous abriter; nous donnâmes à ce lieu le nom de campement aux serpents, parce que, pendant que nous étions en train de dîner ou de nous reposer, un grand nombre de ces reptiles se glissa au milieu de nous, passant souvent entre nos jambes; heureusement, personne ne fut mordu. Nous fîmes rencontre, là, d'un individu espagnol; parlant un peu français, il nous dit qu'il était de la Catalogne; je ne me rappelle pas avoir jamais vu une figure plus repoussante que celle de cet homme; nous le questionnâmes; il revenait, disait-il, des placers, et cependant il ne pouvait pas nous en donner des nouvelles; il voyageait seul, chose assez extraordinaire dans un pays aussi sauvage. J'ai rencontré, nous dit-il, des Français à deux journées d'ici, il y en avait un parmi eux qui était malade, il avait la fièvre, et il est probable que, lorsque vous arriverez sur les lieux, vous le trouverez mort; nous crûmes qu'il s'agissait d'un Français âgé, que nous avions vu partir dans un assez fâcheux état; mais, d'après le signalement qu'il nous en donna, nous vîmes que ce n'était pas de lui dont il s'agissait; nous lui fîmes tant de questions qu'il commença à balbutier et, craignant sans doute de trop parler, il prit congé de nous; cet homme produisit sur nous tous une impression profonde : nous en avions la plus mauvaise impression; nous aurions voulu l'arrêter, mais nous ne connaissions pas de griefs contre lui; nous partîmes enfin à notre tour. Cette demi-journée ne fut ni longue, ni pénible; nous arrivâmes longtemps avant la nuit à l'entrée d'une forêt; nous nous occupâmes, comme d'habitude, à choisir un lieu commode pour établir notre campement; nous trouvâmes tout près d'une source un arbre d'une grosseur énorme; l'intérieur pourri avait été brûlé, mais il restait encore une écorce de trois pieds d'épaisseur, qui préservait des vents de presque tous les côtés; d'autres voyageurs, passés avant nous, avaient dû camper dans l'intérieur de cet arbre, car ils avaient recouvert le sol de branches de sapins et avaient établi une pente douce, comme pour un lit de camp; nous nous installâmes aussitôt dans cet arbre, où nous trouvâmes le moyen de coucher onze, parfaitement à l'aise, ayant nos vivres et nos sacs à côté de nous; à l'extrémité de l'arbre, mais toujours dans l'intérieur, nous avions établi un feu énorme; ayant encore plus d'une heure de jour, nous ramassâmes beaucoup d'herbes dans la forêt, du persil, de l'oseille et une autre plante, dont nous fîmes une salade; je n'en ai jamais mangé de meilleure; pendant que nous soupions, nous fûmes rejoints par la moitié de notre caravane, qui n'avait pas pu partir en même temps que nous, un de ses hommes s'était égaré dans la forêt; nous le considérions déjà comme perdu, car il est presque impossible, dans ces forêts impénétrables, de retrouver son chemin une fois qu'on a eu le malheur de s'égarer; heureusement il n'en fut pas ainsi, il rejoignit le lendemain à la dînée; nous dormîmes beaucoup mieux que la nuit précédente, abrités que nous étions par les arbres contre les vents et la rosée, seulement nous fûmes quelquefois réveillés par les hurlements des ours qui se trouvent en grand nombre dans ces forêts, où jamais personne ne s'était occupé à les chasser; ces animaux, qui sont très communs dans toute la Californie, sont d'une taille monstrueuse, beaucoup plus gros que l'ours des Pyrénées; mais, en général, ils sont d'un caractère très paisible; ils n'attaquent guère que dans le cas de légitime défense; malheur à l'imprudent chasseur qui n'aurait fait que les blesser : rien ne peut le mettre à l'abri de ses fureurs; il grimpe sur les arbres comme un chat, nage comme un poisson et court plus vite que l'homme le plus leste; tous les matins, nous étions ordinairement réveillés par les oiseaux des bois, qui chantent aussitôt que les premières heures de l'aurore commencent à paraître; notre déjeuner pris, nous partîmes; cette partie de la route, pour arriver jusqu'à la dînée, est une des plus mauvaises que nous ayons parcourues : constamment monter ou descendre dans des forêts où il était impossible de voir à dix pas devant soi; les montées étaient quelquefois tellement à pic que nous étions obligés de nous accrocher avec les mains, sans cela nous n'aurions pu les gravir; j'étais un de ceux qui allaient le mieux aux montées et aux plaines, mais il n'en était pas de même aux descentes, les jarrets fléchissaient quelquefois et j'étais en retard sur mes camarades de route; mais aux montées je me rattrapais bientôt; nous arrivâmes à la dînée à 10 heures du matin, c'était sur les bords d'une rivière large comme la Loire dans notre département; on la nommait Rivière du Sapin, parce qu'une troupe de Français, pour la franchir, avait abattu un de ces arbres qui, en tombant, s'était mis en travers sur la rivière et formait ainsi un magnifique pont où les mulets et les chevaux pouvaient passer avec autant de facilité que sur nos grandes routes; cet arbre nous parut si beau que nous eûmes la fantaisie de mesurer sa longueur : il avait environ 300 pieds, uni et droit comme un cierge, n'ayant pas une seule branche jusqu'à la hauteur de 250 pieds; nous repartîmes à une heure; à ce moment, les traînards du premier jour n'étaient pas arrivés au campement; de l'autre côté de la rivière nous vîmes des arbres d'une grosseur et d'une hauteur surprenantes. C'était beaucoup mieux que ce que nous avions vu jusqu'alors; ils étaient parfaitement sains; quelques-uns avaient bien 100 pieds de circonférence et, contre l'habitude, ces gros arbres se trouvaient très rapprochés les uns des autres. Partis à une heure, nous arrivâmes à 6 au lieu où nous devions passer la nuit. C'était le campement désigné sous le nom de Prairie aux Cerfs parce qu'on apercevait ordinairement un grand nombre de ces animaux; nous en vîmes plusieurs nous-mêmes. Quelques-uns de nos camarades, qui avaient la prétention de se donner pour des chasseurs, furent se mettre à l'affût pendant que nous préparions le souper; au bout d'un moment nous entendîmes plusieurs coups de feu; nous pensions les voir revenir avec un cerf au moins, mais nous fûmes trompés dans nos espérances; le gibier ne leur avait pourtant pas manqué, ils avaient aperçu les cerfs par centaines, mais l'un des chasseurs, trop impatient, n'avait pas attendu qu'ils fussent assez rapprochés et leur avait envoyé une balle qui ne les atteignit pas, mais leur fit prendre la fuite; force nous fut de nous contenter de riz et de biscuit pour notre souper; c'était du reste notre nourriture habituelle; pour boisson, nous prenions du café et du thé en quantité. Notre sommeil fut comme toujours assez paisible; seulement, pendant la nuit, m'étant levé pour activer le feu, j'entendis tout près de nous les pas d'un animal pesant, qui ne paraissait pas du tout épouvanté; je présumai de suite que c'était un ours; pour m'en convaincre, je lançai dans sa direction un tison de bois enflammé, je vis fuir alors quelque chose de noir, ce qui me confirma dans l'opinion où j'étais: quoique nous ne fussions pas très familiers avec les visites de ces animaux. Cependant nous comptions tellement sur leur bonhomie, que, sans rien dire à mes camarades, je me rendormis avec aussi peu d'inquiétude que si j'avais été dans ma chambre auprès de ma femme et de mon enfant; nous partîmes comme d'habitude au lever du soleil.

Nous rencontrâmes plusieurs fois des sauvages; ils venaient à nous aussi familièrement que si nous eussions été des connaissances; nous les laissions approcher, car, s'ils ne sont pas méchants, du moins sont-ils très voleurs; nous nous méfiâmes d'eux pendant une grande partie du trajet que nous fîmes ce matin. Nous manquâmes d'eau; notre guide nous faisait craindre même que nous ne pussions en trouver à la dînée; nous arrivâmes enfin, sans trop de fatigue, cette partie de la route n'étant point aussi montueuse et se trouvant presque constamment dans des prairies; nous n'étions plus que quatorze, le reste de notre troupe n'ayant pu rejoindre depuis le deuxième jour que nous les avions laissés au camp de la forêt; nous avions soin, pour plus de commodité et moins de fatigue, de faire notre ménage plusieurs ensemble. J'étais en communauté avec un ancien militaire de Sainte-Marie-aux-Mines, deux individus de Carcassonne et un cinquième des environs de la Rochelle; aussitôt nos sacs à terre, pendant que quelques-uns ramassaient du bois, d'autres allumaient le feu; notre guide, qui était arrivé le premier, était descendu dans un ravin dont les bords étaient recouverts d'une herbe très verte, ce qui nous fit présumer qu'il devait contenir de l'eau; contre notre attente, il ne s'y en trouva pas; alors, le guide et notre individu de Sainte-Marie rentrèrent dans une forêt très peu éloignée du lieu où nous étions, pensant être plus heureux; ils y étaient à peine depuis quelques minutes que nous les vîmes sortir, en nous criant avec force d'accourir, qu'un homme était tué; la distance ne nous permettant pas d'entendre parfaitement, nous crûmes que quelqu'un de nos camarades était attaqué par les sauvages; nous demandâmes s'il fallait accourir avec nos armes, il nous fut répondu d'accourir sans armes; nous nous précipitâmes alors tous ensemble et vîmes, à l'entrée de la forêt, un homme mort; cet homme était le même dont le Catalan, que nous avions rencontré deux jours plus tôt, nous avait donné le signalement; je ne l'eus pas plus tôt vu que je le reconnus pour lui avoir vendu une paire de souliers quelques jours avant qu'il ne partît de la Trinité; plusieurs de mes amis le reconnurent aussi pour avoir reçu de lui de l'eau-de-vie dont il faisait des distributions à tout le monde, pour vider un petit baril qu'il ne pouvait emporter; cet homme, d'une quarantaine d'années, avait malheureusement un embonpoint énorme qui devait lui rendre bien pénible les courses à travers champs; le premier examen nous convainquit qu'il avait été assassiné; il était étendu par terre derrière un gros arbre tombé de vétusté; pour le cacher, autant que possible, on avait mis un autre arbre en croix sur le premier au-dessus du cadavre; les vêtements qu'on avait laissés sur lui consistaient en une paire de pantalons, une chemise de laine et des chaussettes; l'ayant déshabillé, nous reconnûmes sur lui les traces d'un coup de poignard, sous l'épaule gauche, dans la région du cœur; la plaie n'avait point saigné; le coup était si bien porté que nous pensâmes que son auteur n'en était pas à ses débuts, qu'il avait dû profiter du moment où le pauvre diable dormait pour lui enfoncer son poignard et le voler ensuite; il avait dû le tuer hors du bois et s'était servi, pour l'entraîner dans la forêt, d'une corde qu'il lui avait passée au cou; on reconnaissait encore sur les herbes couchées, le passage du cadavre; nous trouvâmes dans une de ses poches, que le voleur n'avait sans doute pas visitée, deux boutons de chemise en or, et, à côté de lui, un petit carnet où se lisaient divers comptes; nous vîmes par là que ce Français était de Saint-Pierre-Guadeloupe; après cet examen, nous remîmes à cet homme ses habits, et comme nous avions des pelles et des pioches, en un instant nous lui creusâmes une fosse assez profonde pour qu'il ne fût point dévoré par les ours, et le déposâmes dedans; la fosse recouverte, nous la surmontâmes d'une croix avec cette inscription : *Ci-gît un Français assassiné;* puis, au beau milieu de la route, nous plantâmes un bâton fendu par le bout; dans cette fente nous glissâmes un morceau de papier où se trouvait écrit en français : *Avis aux traînards, un Français a été assassiné ici, à l'entrée de la forêt; ses compatriotes lui ont donné la sépulture;* sur le revers du papier on avait écrit la même chose en anglais; c'est par ce papier que nos camarades, qui étaient derrière, eurent connaissance de ce meurtre; cette cérémonie accomplie, nous prîmes notre frugal repas; pendant notre dîner, en examinant les circonstances de ce meurtre, nous fûmes tous convaincus que notre Catalan en était l'auteur; nous nous rappelions tout ce qu'il nous avait dit, lors de notre rencontre, surtout ces paroles, qu'il prononça avec un ricanement de hyène : *il avait la fièvre, probablement que vous le trouverez mort;* oui, la fièvre de la mort que tu lui avais donnée, scélérat! Le pauvre malheureux dut être bien épouvanté, lorsque, se sentant frappé, il aperçut l'horrible figure de son meurtrier. Notre dîner terminé, nous reprîmes notre chemin, le cœur plein de tristesse; il fut convenu alors qu'un de nous, dont le pas régulier pourrait permettre à tout le monde de suivre, passerait premier et réglerait la marche, et que ceux des derniers qui ne pourraient suivre crieraient « Halte » à la tête de la colonne, et qu'immédiatement on s'arrêterait pour laisser reposer ceux qui étaient fatigués; je fus désigné pour marcher en tête.

Cette partie de la route, jusqu'au coucher, se fit assez tristement, mais du moins nous eûmes l'avantage de ne pas voir de traînards en arrière; nous avions désigné le campement où nous avions dîné par le nom de Camp du Meurtre. Celui où nous arrivâmes pour coucher : Camp de la Fontaine, à cause d'une source assez belle qui était tout à côté du lieu où nous nous établîmes; nous passâmes assez bien la nuit, abrités contre les vents, par les bois et les montagnes, et garantis de l'humidité par de grands feux; seulement, comme nous nous rapprochions des lieux habités par les sauvages, notre guide crut prudent d'attacher son cheval pendant toute la nuit, ce qu'il ne faisait pas habituellement, le laissant pacager en toute liberté; ces pauvres gens-là sont très friands de viande de cheval et mangent tous ceux qu'ils peuvent rencontrer; avant de partir, nous donnâmes avis à nos camarades qui étaient en arrière que nous les attendrions le même soir au camp de la Grande Prairie, où nous pensions aller coucher; cet avis, que nous avions mis comme le premier sur un bâton planté au milieu de la route, parvint aussi à son adresse; nous eûmes à traverser des montagnes à pic, couvertes de bois, de prairies, et plusieurs rivières, dont l'eau était très froide, mais heureusement peu profonde; quoique ayant très chaud et obligés de guéyer avec de l'eau au-dessus du genou, personne de nous n'en fut incommodé ; nous trouvâmes sur notre route quatre cabanes d'Indiens. Ces gens-là ne furent point effrayés de nous voir; ils nous reçurent de leur mieux ; nous échangeâmes avec eux quelques perles contre du poisson séché au soleil; c'est là que je vis pour la première fois de quelle manière ils faisaient cuire leurs aliments; n'ayant pas, comme nous, de vases de métal ou de grès, ils avaient pratiqué en terre un trou rond qu'ils avaient parfaitement garni de chaque côté avec de la terre glaise; ce trou plein d'eau, on y voyait surnager une espèce de noisette sauvage dont le fruit intérieur se divisait, comme le café, en plusieurs parties, il avait à peu près le goût du cacao: pour faire bouillir l'eau, ils mettaient dans un feu qui était tout à côté des cailloux et lorsqu'ils étaient très chauds, ils les en retiraient pour les mettre dans l'eau qui contenait leur pitance; cette opération, renouvelée plusieurs fois, suffisait pour faire cuire leurs aliments; nous prîmes congé de nos malheureux sauvages et continuâmes notre route pendant encore une heure et nous nous arrêtâmes au milieu d'un bois, où des feux incomplètement éteints nous indiquèrent que quelques voyageurs venaient à peine de quitter ces lieux; nous donnâmes à ce lieu le nom de camp « de Tobie de Boston », parce qu'un énorme chêne portait sur son écorce ce nom fraîchement imprimé. Après nous être reposés assez longtemps, nous reprîmes notre route; elle était moins accidentée que celle que nous avions faite le matin; après deux heures de marche, nous nous trouvâmes sur la cime d'une montagne, d'où on jouissait d'un magnifique point de vue; je ne crois pas avoir rien vu en France de pareil; devant nous, dans un bas-fond où nous devions passer, serpentait la rivière de la Trinité, un peu plus forte que la Loire chez nous; à droite et à gauche s'étendaient d'immenses prairies séparées les unes des autres par des arbres aussi bien alignés que s'ils eussent été plantés par la main des hommes, tandis que dans le milieu on n'apercevait pas le moindre arbrisseau; l'herbe qui les recouvrait était assez haute pour cacher un cheval; ce plateau était borné de tous les côtés par des montagnes très élevées plantées d'arbres gigantesques; au fond du vallon, on voyait quelques villages habités par des sauvages; quelques individus prétendent qu'ils sont dans ce vallon au nombre de trois mille; d'après ce que j'ai pu voir par moi-même, je crois ce chiffre bien exagéré; nous devions camper dans ces prairies, un aussi beau tableau nous donna des forces; nous doublâmes le pas et bientôt nous fûmes au bas de la descente; en traversant la plaine, nous fûmes accostés par des Américains qui avaient planté leur tente au bord de la rivière; ils nous dirent qu'ils étaient là depuis quinze jours, se livrant à la pêche et à la chasse; ils avaient une petite barque au moyen de laquelle ils avaient remonté la rivière depuis la mer; comme le courant est très rapide, il ne leur avait pas fallu moins de vingt jours et six marins intrépides et consommés pour arriver où nous étions après quatre jours et demi de marche; les provisions ne leur manquaient pas; ils nous firent cadeau d'un quartier de cerf, que nous mangeâmes avec volupté, c'était la première fois depuis mon départ de San Francisco que je mangeais de la viande fraîche. Nous choisîmes pour notre campement un lieu qui parut nous offrir assez de sécurité contre toute tentative des sauvages; abrités par derrière par un monticule, nous établîmes sur les côtés de grandes quantités de bois qui, tout en servant pour renouveler et entretenir notre feu, opposaient entre eux et nous une barrière; nous fermâmes cette espèce de carré par un feu énorme. Pour donner une idée de la manière dont on se chauffe en Californie, voici la description de ce feu, qui, du reste, est le plus grand que nous ayons fait : nous roulâmes à force de bras deux chênes qui avaient bien trois pieds de diamètre; nous les plaçâmes bout à bout, de manière à obtenir toute la longueur de notre camp, qui était au moins de soixante pieds; nous fîmes flamber ces arbres au moyen d'une infinité de branches que nous mettions continuellement sur toute cette façade de soixante pieds; nous eûmes toujours un foyer brûlant de trois pieds de haut sur quatre de profondeur. Pendant que nous nous installions, les sauvages arrivèrent en foule; ils étaient beaucoup mieux que ceux que nous avions vus à la Trinité, plus propres; quelques-uns avaient même un profil grec ou romain; du reste, ils étaient tous aussi cuivrés que les autres et portaient le même costume, c'est-à-dire qu'ils allaient tout nus; les femmes arrivèrent aussi en nombre, chargées de poissons secs que nous échangions contre des perles : nous en fîmes d'amples provisions, mais du poisson frais et de la viande fraîche, nous ne pûmes en obtenir : ils n'en ont que fort rarement. J'avais un sabre dont ils paraissaient fort amateurs; ils voulaient tous me l'échanger, je fus sur le point de faire un marché avec l'un d'eux qui m'offrait pour cela deux magnifiques peaux de chevreuil, un arc superbe et une quantité de flèches, la plupart parfaitement travaillées; je voulais qu'il ajoutât à cela un carquois qu'il portait sur lui, fait de la peau d'un animal pas plus gros qu'un chat, mais dont la fourrure me parut très riche; il ne voulut jamais y consentir; il paraissait tenir beaucoup à son carquois, et, pour ne pas nous le vendre, je le vis revenir plus tard sans lui; à part cette fourrure, je ne regrettai guère ce marché; cela aurait eu l'inconvénient de me charger d'une dizaine de livres de plus, et je l'étais assez; nos camarades arrivèrent à la tombée de la nuit, nous fûmes contents réciproquement de nous rejoindre; ce renfort portait nos forces à vingt-cinq hommes sans compter les six Américains, dont j'ai parlé plus haut, qui, en cas d'hostilité avec les Indiens, se seraient joints à nous. La nuit fut bonne; nous dormîmes profondément; comme nous avions l'intention de séjourner pendant tout le jour dans cette prairie, le soleil était déjà haut lorsque nous nous levâmes; j'employai la matinée à laver mon linge, d'autres furent à la châsse et quelques-uns à la pêche; à part deux ou trois douzaines de tourterelles, nos chasseurs et nos pêcheurs ne rapportèrent rien; il avait été convenu que, pour empêcher les sauvages de nous voler, trois d'entre nous resteraient constamment au camp; qu'il serait interdit aux Indiens de franchir les barrières, et que ceux qui voudraient faire des échanges avec eux passeraient en dehors du camp; une troupe de ces gens-là profita du moment où nous n'avions plus que trois personnes dans le camp pour y venir; ils s'approchèrent d'abord, puis, la hardiesse leur arrivant avec le nombre, quelques-uns franchirent les barrières; nos factionnaires, suivant la consigne qu'ils avaient reçue, leur firent entendre par signes qu'il fallait sortir hors du camp; alors, un de ces sauvages, vieillard vénérable, qui avait quelques poils de barbe blanche, se redressant d'un air indigné, nous adressa quelques paroles très vives, et puis, nous faisant voir de la main les montagnes, les forêts, les prairies, les rivières, il sembla nous dire : tout ceci est à moi, puis prenant nos effets, nos couvertures, il les rejeta avec dédain comme pour nous dire : allez-vous en, vous n'êtes pas les maîtres ici! et, sur un signe de sa part, tous les Indiens s'éloignèrent; un sénateur romain n'avait pas une majesté plus imposante que ce sauvage, et certes il avait bien raison de nous dire qu'il était le maître, mais, le malheureux, malgré tous ses droits sur ce pays, il en sera chassé par les maudits Américains qui tuent ces hommes avec aussi peu d'émotion que s'ils tuaient un cerf ou un lièvre.

Toute cette journée, passée dans le repos, nous avait bien délassés; nous partîmes de bonne heure, comme d'habitude, pour continuer notre route; nos camarades de la deuxième compagnie s'étaient appropriés un cheval malade qu'un Canadien, que nous avions rencontré, avait laissé dans la forêt où nous couchâmes la seconde nuit, espérant qu'à son retour il pourrait le reprendre en bonne santé, et chacun, à l'envie, chargea le pauvre animal d'une partie de son bagage; ceux de la première compagnie n'y avaient aucun droit. Nous étions déjà loin, les chevaux et leurs conducteurs, que nous avions laissés en arrière, allant plus vite que nous, devaient nous rejoindre bientôt, lorsque nous entendîmes tout à coup en arrière des cris de détresse poussés par les conducteurs qui nous appelaient; nous craignîmes d'abord que ce ne fût un cheval tombé dans un précipice ou quelqu'un de blessé par les sauvages; nous accourûmes, et voici ce qui s'était passé : une troupe d'Américains, ayant eu connaissance que notre deuxième compagnie conduisait un cheval qui ne lui appartenait pas, vint droit à lui, coupa les cordes ou sangles qui retenaient son chargement, et prenant toutes ces marchandises, les jeta de côté et emmena le cheval sans même adresser une parole au conducteur; cela ressemble fort à une fable de La Fontaine que j'ai lue dans le temps, intitulée, je crois, *les Trois Voleurs et l'âne;* ce petit incident nous fit perdre plus de deux heures. Ceux qui, depuis deux ou trois jours, étaient habitués à ne pas porter grand'chose, se virent à leur grand désappointement obligés de courber encore une fois les épaules.

Nous fîmes une halte au bord de la rivière qui nous séparait d'un village d'Indiens; ces sauvages, assez nombreux, montaient sur leurs maisons, d'autres sur des arbres, pour mieux nous apercevoir; nous les appelâmes, et, en un instant, nous les vîmes se jeter les uns à la nage, les autres dans des canots qu'ils gouvernaient avec beaucoup d'adresse, malgré le courant très rapide; ils furent bientôt auprès de nous. Quelques-uns de ces hommes étaient taillés en hercules; la poitrine très large, des bras fortement musclés, annonçaient chez eux de grandes forces physiques; il y en avait un entre autres qui attirait tous les regards par sa forte structure; il avait au bras droit et sur les côtes des cicatrices profondes; il nous fit entendre par signes, et en imitant le grognement de l'ours, que c'était un de ces animaux qui les lui avait faites; il venait constamment à moi, il aurait voulu mon sabre, me faisant entendre qu'il tenait à avoir une revanche de l'ours; il m'aurait donné tout ce qu'il possédait, même sa femme, en échange; je ne voulus pas mettre sa convoitise à une si rude épreuve; je lui proposai de lui donner mon sabre s'il voulait me porter mon sac jusqu'à la couchée du lendemain;

il accepta avec empressement; le marché que je venais de conclure avec ce sauvage fut imité à l'instant par une bonne partie de mes camarades; les uns donnaient en échange une hache, d'autres un couteau, une paire de mauvais souliers, des perles ou quelques pièces de monnaie dont les Indiens ne connaissaient pas la valeur et qu'ils n'acceptaient qu'à la condition qu'elles seraient percées par le milieu pour les faire pendre à leur cou; une fois tous nos marchés terminés, nous mîmes sur les épaules des sauvages nos sacs, qui déjà avaient pris l'empreinte des nôtres; nous eûmes à monter immédiatement une côte des plus raides, ne portant rien nous-mêmes; nous étions obligés de nous accrocher avec les mains; nos Indiens ne paraissaient pas s'apercevoir des difficultés du terrain; ils sautaient par-dessus des arbres énormes tombés de vétusté, qui encombrent toutes ces forêts, tandis que nous étions obligés de les tourner; nous avions toutes les peines du monde à les suivre; craignant qu'ils ne prissent la fuite avec nos bagages, quelques-uns d'entre nous passèrent en avant pour régler le pas, tandis que d'autres, par derrière, fermaient la marche; cette espèce de course au clocher que nous fîmes un moment avec nos sauvages nous fit rattraper le temps que nous avions perdu le matin par l'incident de notre cheval et des Américains; nous arrivâmes bientôt à la dînée; nous donnâmes à nos sauvages du poisson que nous avions échangé avec ceux de la plaine; ils enfilèrent ce poisson dans une baguette pointue d'un bout, l'approchèrent un moment du feu et le mangèrent sans autre préparation; quant à nous, nous ne faisions pas non plus de grands frais de cuisine; lorsqu'il fallut partir, ceux de nos Indiens qui n'avaient reçu en échange que des perles, des pièces de monnaie ou d'autres objets auxquels ils n'ajoutaient aucun prix, ne voulurent plus partir; pourtant, à force de promesses, quelques-uns se décidèrent à reprendre leur sac, mais à chaque halte que nous faisions c'était avec des peines infinies que nous pouvions les décider à continuer, jusqu'à ce qu'enfin ils refusèrent obstinément; nous fûmes réduits à quatre; le mien, entre autres, qui, pour avoir mon sabre, m'aurait suivi jusqu'au bout du monde; cependant, nous nous apercevions que ces gens-là se fatiguaient plus vite que nous; cela se comprend du reste : quoique habitués à une vie très rude, à une nourriture très sobre, ils ne travaillent jamais et, conséquemment, se fatiguent plus vite; nous n'arrivâmes qu'à la nuit au lieu de notre campement; mon sauvage se débarrassa de son sac et, venant à moi, il me demanda la permission de se retirer; j'aurais bien voulu le garder un jour de plus comme nous étions convenus, mais je réfléchis que, les trois autres n'allant pas plus loin, je l'exposerais à être massacré par les tribus où il devait passer et avec lesquelles ils sont souvent en guerre; je l'autorisai donc à s'en aller; aussitôt, brandissant son sabre, il me fit entendre qu'il ne craignait plus les ours, et, sans attendre ses camarades, il prit la fuite, sautant et gambadant comme un cerf; les trois autres restèrent avec nous jusqu'après notre souper; ils voulaient coucher avec nous; ils paraissaient avoir peur, mais nous, craignant qu'ils ne nous dérobassent quelque chose, nous les contraignîmes à s'en aller; ils s'emparèrent alors chacun d'un tison ardent et se mirent en route; cette précaution était, je pense, pour se défendre des animaux qui auraient pu les attaquer, plutôt que pour éclairer leur marche.

La nuit fut, comme toutes les autres, assez bonne; après avoir déjeuné, nous nous mîmes en route; nous eûmes plusieurs rivières à traverser, que nous passions sur des arbres tombés en travers, mais comme ils étaient d'une faible dimension, il fallait faire de véritables tours de force pour conserver son équilibre. Deux d'entre nous se laissèrent choir dans l'eau; heureusement la rivière étant peu profonde, ils en furent quittes pour un bain d'eau glacée; nous étions presque arrivés au campement de la dînée, lorsque nous rencontrâmes une vingtaine de Français, Espagnols ou Italiens qui, comme nous, avaient pris passage sur le *Colonel-Tayloë;* ils revenaient du placer; ils nous en firent le tableau le plus triste : le pain, la farine s'y vendaient 10 francs la livre, le sel le même prix; les ouvriers travaillant depuis 5 heures du matin (jusqu'à 7 heures du soir) avaient beaucoup de peine à gagner 20 francs par jour, et il leur fallait plus que ça pour se nourrir; ils ajoutèrent que la plupart de ceux qui étaient au placer n'y restaient que parce qu'ils n'avaient pas d'argent pour s'embarquer et retourner à San Francisco; la plupart d'entre nous se trouvaient dans le même cas; ils continuèrent leur route; quant à moi et une dizaine d'amis, nous prîmes le parti de ne pas aller plus loin; je profitai de l'occasion de ceux qui allaient au placer pour envoyer à M. Arnaud, un de mes amis, 125 francs, lui recommandant de venir me joindre à la Trinité, que nous irions ensemble à San Francisco; j'avançai à deux autres l'argent de leur passage, ce qui m'a été parfaitement remboursé plus tard; nous nous quittâmes donc sans être émus et vînmes dîner où nous avions couché la veille; nos vivres diminuaient sensiblement; pour ne pas nous exposer à en manquer totalement, nous fûmes obligés de faire nos étapes plus grandes. De cinq que nous étions, vivant ensemble, nous n'étions plus que deux ; la troupe que nous avions trouvée revenant sur ses pas était composée en partie de gars qui ne nous convenaient pas; quelques-uns avaient des chevaux et allaient beaucoup plus vite que nous; nous ne fûmes pas fâchés de les voir s'éloigner; lorsque nous passâmes dans une des immenses prairies de la plaine, nous aperçûmes leur camp dans le fond; ils nous appelaient même, mais nous ne voulûmes pas nous rendre auprès d'eux; nous étions cinq seulement et nous établîmes notre campement une lieue plus loin. Pendant notre souper, deux Parisiens qui étaient avec nous, et qui vivaient en communauté de vivres, se disputèrent ; l'un des deux, prétendant avoir fourni les fonds pour l'achat des vivres, s'en rendit maître, ne laissant à son camarade qu'une seule ration de riz, en l'exposant ainsi à mourir de faim; nous voulions punir ce misérable de sa rapacité et lui administrer au moins une bonne correction qu'il avait bien méritée, mais, sur la prière de son associé, nous le laissâmes tranquille, nous contentant de le chasser de notre compagnie ; nous dinâmes au camp de « Tobie de Boston ». Ayant une forte course pour atteindre le lieu où nous voulions aller coucher, nous pressions le pas ; nous arrivâmes bientôt aux quatre cabanes des Indiens que nous avions aperçues en allant ; nous fûmes témoins là d'un bien triste spectacle ; ces cabanes n'existaient plus, ce n'était plus qu'un brasier ardent : les Espagnols et les Italiens auxquels nous n'avions pas voulu nous joindre à cause de leur mauvaise figure, en passant par là, ayant trouvé les propriétaires de ces maisons absents, en avaient profité pour y mettre le feu ; lorsque ces pauvres sauvages virent leurs cabanes dans cet état, ils jetèrent des cris à vous fendre l'âme ; les femmes surtout paraissaient très affectées, cela ne les empêcha pourtant pas de nous apporter un morceau de viande d'un cerf qu'ils avaient tué ; le soleil était encore très haut, il nous restait encore pour trois heures de marche pour arriver à la couchée ; nous voulions partir, mais une dizaine de Français qui étaient déjà campés là, nous en dissuadèrent en nous disant que, n'étant que quatre et avec un seul fusil pour toute arme, nous risquions d'être assassinés par les Indiens qui voudraient venger sur nous la perte de leurs maisons; que, d'un autre côté, les Espagnols et les Italiens, auteurs de ce méfait, se trouvaient justement campés au lieu où nous voulions aller; cette dernière considération nous décida à rester; nous partîmes les premiers n'ayant pas de chevaux; nous étions toujours prêts de bonne heure; nous dînâmes au camp du « Meurtre »; la première fois, nous ne trouvâmes de l'eau que dans le tronc pourri d'un gros sapin; cette fois, ce fut encore la même eau qui nous servit pour notre cuisine; elle était aussi jaune que l'eau-de-vie, mais pourtant elle n'avait aucun mauvais goût. Pendant que nous dînions, ceux qui étaient au camp où nous avions couché, nous dépassèrent; nous rendîmes, avant de partir, une visite à la tombe du pauvre Malapère, c'était le nom du malheureux assassiné; rien n'était dérangé sur sa tombe; nous arrivâmes à la prairie aux cerfs avant la nuit, nos camarades s'y étaient déjà installés. Comme il ne nous restait presque plus de vivres, celui de nous qui avait un fusil fut se mettre à l'affût; il y resta une heure et demie inutilement. Les cerfs n'approchèrent pas assez pour se laisser tuer; nous fûmes encore forcés de nous rejeter sur le riz; depuis la veille, nous nourrissions ce pauvre Parisien que son camarade avait abandonné sans vivres; sans nous, je ne sais ce qu'il serait devenu. La nuit se passa assez bien; au point du jour, nous étions en route; nous dînâmes dans la forêt; nos camarades nous devancèrent; ils nous dirent en passant qu'ils iraient coucher au camp des Serpents, sur les bords de la mer. Nous leur promîmes que nous nous y rendrions; en effet, nous ne restâmes que fort peu de temps pour dîner et nous nous remîmes en marche; le ventre presque creux, nos jambes refusaient le service; nous étions exténués, moins de fatigue que de faim; quelque diligence que nous puissions faire, nous arrivâmes au camp des Serpents sans y trouver personne; nous pensâmes que, le voisinage de la mer produisant pendant la nuit la grande fraîcheur, ils n'avaient pas voulu s'exposer à dormir dans un lieu mal choisi et sans abri; ce qui nous convainquit encore, ce fut plusieurs colonnes de fumée que nous vîmes au loin. Présumant qu'elles provenaient du camp de nos amis, nous aurions bien voulu continuer notre route, mais nous étions exténués, et cependant nous ne pouvions nous exposer à passer la nuit dans un lieu aussi peu convenable; nous fîmes chauffer du café dont nous avalâmes chacun une forte tasse, cela nous réchauffa l'estomac et nous donna des forces; nous nous décidâmes alors à prolonger notre course, jusqu'aux feux que nous avions aperçus; nous étions obligés de repasser par ce même sable que nous redoutions tant; à la marée montante, la mer recouvre tous ces sables, c'était le seul passage que nous eussions pour nous rendre au camp; nous nous pressions, craignant toujours de ne pas avoir le temps d'arriver; nous fûmes bientôt entre un talus à pic comme un mur et la mer qui devait monter jusqu'au pied de ce talus, haut de plus de trois cents pieds; les feux que nous avions aperçus se trouvaient au-dessus de ce talus; une fois engagés, nous vîmes que nous ne pouvions le gravir; force nous fut de rétrograder jusqu'à un petit sentier que nous avions aperçu en passant; nous fûmes, pendant plus d'une heure engagés dans des broussailles de hauteur d'homme et très épaisses qui imitaient beaucoup les charmilles qu'on fait dans nos pays; elles étaient si épaisses que ce ne fut qu'avec des peines inouïes que nous pouvions avancer; celui de nous qui paraissait le moins fatigué passait devant; quant à moi, je m'étais chargé de veiller sur un pauvre diable de Danois qui avait bien cinquante-neuf ans; ce malheureux, à bout de forces, était tombé trois fois; nous ne fûmes pas plus loin, nous attendîmes que celui qui était en avant indiquât par signaux s'il fallait avancer; loin de là, nous le vîmes revenir bientôt à nous d'un air désespéré; lorsqu'il nous eut rejoints, il nous dit que ces feux que nous avions aperçus n'étaient point le camp, qu'il n'y avait personne, et que probablement c'était quelque sauvage qui devait les avoir allumés; quoique très fatigués, nous ne pouvions pourtant pas coucher là; point d'eau ni de bois pour cuire nos aliments; nous fûmes forcés de reprendre les sables. Nos souliers étaient en très mauvais état, nos pieds pleins d'ampoules; nous avions encore pour deux heures à franchir ces sables. D'un côté c'était la mer qui montait, de l'autre un talus de trois cents pieds sur lequel un chat n'aurait pas pu gravir; si nous n'arrivions pas avant la pleine mer, nous serions infailliblement engloutis dans ses eaux; pendant un moment nous hésitâmes à nous exposer dans l'état où nous étions dans cette espèce de détroit. La perspective n'était pas belle; ce qui nous donnait surtout de l'inquiétude, c'était notre Danois; je le pris par le bras; par des paroles flatteuses, je tâchai de lui donner le courage qui commençait à m'abandonner moi-même; la crainte de la mort le surexcita aussi, il me promit qu'il irait jusqu'au bout; en effet, il tint parole, mais que de peines, grand Dieu, pour lui et pour moi! Ce pauvre malheureux, que j'ai revu plus tard à San Francisco, venait à moi lorsqu'il m'apercevait et, me prenant la main, il me disait dans son accent allemand : *Je me rappellerai longtemps, monsieur André, que vous m'avez sauvé la vie.* Nous arrivâmes à la fin du détroit à la nuit close; la mer était déjà bien haute, et nous ne pouvions sortir de là que par un petit sentier pratiqué sur le talus lui-même, sentier tellement escarpé que même pendant le jour on avait le vertige, rien qu'en regardant en bas; le moindre faux-pas nous précipitait dans la mer ou sur des rochers de plus de deux cents pieds de haut; nous cherchions notre route avec les mains; enfin, avec des peines inouïes, nous arrivâmes au haut de ce sentier, et un moment après nous nous trouvâmes au milieu de nos amis qui avaient déjà soupé; leurs feux nous réjouirent. L'un d'eux s'empressa de nous donner un bouillon produit par un morceau de jambon; je crois que de ma vie je n'ai pris quelque chose avec autant de plaisir et de volupté; nous venions de faire en un seul jour, et le ventre creux, ce que nous avions eu de la peine à faire en deux jours en partant de la Trinité frais et dispos et étant dans l'abondance; nous apprîmes, par nos camarades qui étaient déjà campés, que les feux que nous avions aperçus, et pour lesquels nous nous étions détournés de notre route avec tant de peine, avaient été allumés par cet infernal Parisien qui avait volé les vivres de son camarade, et que nous avions chassé de notre compagnie; il paraît que, s'étant égaré lui-même et sachant que nous étions en arrière, il avait allumé ces feux, espérant qu'en les apercevant nous prendrions cette direction; le misérable réussit aussi bien qu'il pouvait l'espérer; un acte semblable, et dans un pays où on n'a point recours à la justice des tribunaux, lui aurait valu la pendaison de la part des Américains ou des Espagnols; mais nous Français, plus humains, nous nous contentâmes de le chasser hors du camp; il fut obligé de se reléguer seul à plus de deux cents pas de nous, accompagné des huées de tout le monde. Nous passâmes une assez bonne nuit; comme nous étions passablement fatigués et que nous n'avions pour le lendemain qu'une petite étape pour nous rendre à la Trinité, nous fîmes ce que les dames appellent la *grasse matinée;* nos camarades étaient partis depuis longtemps, le soleil était déjà haut, que nous n'avions pas encore pensé à faire notre déjeuner; il fallut enfin se décider à se lever; nos apprêts étant bientôt terminés, nous prîmes la route de la Trinité, où nous arrivâmes encore avant midi.

Cette vie errante que nous avions menée pendant une douzaine de jours n'est pas dépourvue de charme, mais, pour cela, il faut que l'union règne entre les voyageurs, que l'on ne soit pas trop fatigué et surtout que les vivres ne manquent pas; il se trouve toujours quelque facétieux qui amuse la société par de bons mots. Nous avions tous des costumes plus ou moins bizarres; nous avions l'air de pillards de grands chemins; lorsque nous arrivions, une fois toutes les provisions faites, nous entourions nos feux, nous quittions nos habillements, sauf notre pantalon, mouillés par la transpiration; pendant qu'ils séchaient, nous nous enveloppions dans nos couvertures, de loin on nous eût pris pour des pénitents blancs, rouges ou bleus, suivant la couleur de la couverture. En France, un voyageur qui rencontrerait sur sa route, dans le milieu d'un bois, une caravane comme celles que l'on rencontre si fréquemment là-bas, recommanderait son âme à Dieu, se croyant à sa dernière heure, et pourtant on trouve presque toujours dans ces réunions d'hommes beaucoup d'hospitalité et les meilleures dispositions pour ceux qui sont dans le besoin.

L'Alcade de la Trinité, ayant eu connaissance du meurtre du sieur Malapère, nous fit appeler lorsque nous fûmes arrivés; il n'y avait pas de navire dans le port et depuis notre départ il n'en était venu aucun; il est donc bien certain que si le Catalan que nous présumions coupable était à la Trinité, il n'avait pas pu en partir; nous nous rendîmes à l'invitation de l'Alcade, accompagnés d'un Français du Canada, parlant très bien le français et l'anglais, qui nous servit d'interprète; nous racontâmes à l'Alcade toutes les circonstances de notre rencontre avec le Catalan; n'ayant pas la certitude qu'il était coupable, nous fîmes pressentir seulement les doutes que nous avions; l'Alcade aurait voulu que nous eussions dit que ce crime était le fait des sauvages; il voulait leur faire la guerre, mais il lui fallait un prétexte et nous ne servîmes point ses desseins; nous ne pouvions accuser de pauvres malheureux innocents; une flèche déchire les chairs et ne les coupe point comme un poignard; les sauvages auraient dépouillé la victime de ses effets, tandis que le coupable, plus intelligent, n'avait vu dans ces effets qu'un moyen de se faire reconnaître.

Après nous avoir entretenus un moment, il nous congédia; en sortant de chez lui, nous nous trouvâmes en présence du Catalan; cette fois nous n'avions plus de doute, c'était bien l'assassin : il avait aux pieds les souliers que j'avais vendus au sieur Malapère, deux jours avant qu'il parte pour le placer; ces souliers lui étaient trop petits : ce misérable les portait en pantoufles et les lacets non serrés; par l'entremise de notre interprète nous fîmes connaître cette circonstance à l'Alcade, qui n'y fit pas la moindre attention : l'assassin put se promener sans gêne à la Trinité pendant encore quatre ou cinq jours; c'était bien la plus horrible figure que j'aie jamais vue; sa démarche était celle d'une hyène, portant constamment les regards en arrière; je ne fus pas tranquille tant que cet homme resta à la Trinité; il devait avoir eu vent de notre déposition et nous avions tout à craindre de sa férocité. Je couchais seul dans une tente éloignée du quartier des Français, il pouvait venir me poignarder pendant la nuit : j'étais toujours sur le qui-vive, disposé à vendre chèrement ma vie; un amour-propre déplacé m'empêchait de demander à un de mes amis de coucher avec moi dans ma tente. La goélette la *Sierra-Nevada* arriva sur ces entrefaites; le Catalan arrêta son passage à bord; je ne fus pas tranquille avant que je ne le vis embarqué; cet homme infâme n'échappera pas toujours à la corde qu'il avait si bien méritée, quelque nouveau méfait le livrera probablement à une justice moins accommodante que celle de l'Alcade de la Trinité.

Ayant écoulé tout ce que je pouvais espérer vendre de ma pacotille dans le pays, je m'embarquai quelques jours après sur le trois-mâts le *Galindo,* navire américain, et, trente-six heures après, nous étions rendus à San Francisco, tandis qu'en venant nous étions restés trente jours; la différence des vents, la bonté des navires et l'habileté des capitaines produisent ces résultats.

MON ITINÉRAIRE
DE SAN FRANCISCO (CALIFORNIE)
AU HAVRE

1850.

1er octobre. — Embarqué à bord du *California*, bateau à vapeur américain; payé, pour mon passage jusqu'à Panama, 150 piastres, pour la deuxième classe; parti à 5 heures et demie du soir; à 6 heures du soir, jeté l'ancre en rade, à cause du brouillard qui ne nous permettait pas de distinguer notre route.

2 octobre. — Levé l'ancre à 5 heures du matin, arrivé à Monterey à 6 heures du soir. Cette ville, d'une population de 7 à 8 000 âmes, est d'un aspect assez triste; on remarque bien peu de végétation aux environs. Nous en sommes repartis à 7 heures et demie du soir.

3 octobre. — Navigué constamment en vue des côtes, par un temps calme et une mer magnifique.

4 octobre. — Continuation de beau temps, terre en vue; à 4 heures du soir nous avons aperçu une île sur notre droite.

5 octobre. — A 7 heures du matin, arrivée à San Diégo; port fermé par un banc de galets. Ce village, d'un aspect misérable, possède tout au plus une vingtaine de maisons en planches et environ soixante tentes; quatre navires dans le port. Montagnes couvertes de broussailles; une route conduisant dans l'intérieur, une autre à un village qui se trouve au fond de la baie, paraissant être beaucoup plus grand que San Diégo. Partis à 10 heures du matin par un soleil brûlant et calme plat.

6 octobre. — Bonne brise, belle mer; loin des côtes, temps couvert.

7 octobre. — Navigué en vue des côtes, par une

mer magnifique, beaucoup de poissons volants et hirondelles de mer.

8 octobre. — Continuation du beau temps ; à 10 heures du matin, passé sous le vent des Iles Santa Marguarita, à portée de canon ; îles désertes, rochers arides et sans verdure.

9 octobre. — A 6 heures du matin, doublé le cap San Luca, aperçu un navire à l'ancre ; montagnes très élevées et très accidentées.

10 octobre. — A 6 heures et demie du matin, jeté l'ancre à Mazatlan, ville appartenant à la République du Mexique ; population, environ 8 à 10 000 âmes ; trois rangs de montagnes paraissant s'échelonner les uns sur les autres, beaucoup de verdure, aspects riants et agréables ; une douzaine de navires en rade, dont un de guerre, pavillon anglais, un trois-mâts démâté ; une grande maison blanche paraissant être une église, rade ouverte ; nous en sommes partis à 5 heures du soir.

11 octobre. — A 7 heures et demie du matin, arrivés à San Blas, petite ville cachée derrière de grands arbres qui la rendent presque invisible de la mer; chaîne de montagnes, probablement la même que celle aperçue à Mazatlan, deux petites goélettes dans le port; un magnifique navire de guerre anglais; une vingtaine de pirogues montées par des individus qui nous apportent des fruits et qui rament avec des pagayes; partis à 9 heures un quart du matin; à 1 heure après-midi, aperçu des îles à environ 15 lieues au large.

12 octobre. — A midi nous croisons et parlons à une goélette américaine; à 4 heures du soir, nous nous croisons également avec le *Nordren,* bateau à vapeur américain, venant de Panama et New-York; beaucoup de passagers à bord; nous restons un moment en présence; les deux capitaines s'adressent des questions réciproquement; en nous séparant, les Américains poussent des hourras frénétiques.

13 octobre. — A 9 heures du matin, croisé un bateau à vapeur américain ayant doublé le cap Horn, peu de passagers à bord; à 11 heures, un des passagers fait un prône sur le gaillard d'avant; à 6 heures du soir jeté l'ancre à Accapoulco; pendant toute la nuit on a fait un tapage affreux en chargeant du charbon; port admirable, entièrement fermé par des montagnes élevées et couvertes d'une végétation magnifique.

14 octobre. — Cette petite ville, bâtie en pierre, paraît très irrégulière; ne doit pas contenir plus de 2 000 habitants; on aperçoit une petite église et un fort sur la Plaza-de-Castille; il y avait environ 35 navires dans le port, dont un à vapeur et un autre dématé de ses trois mâts; pendant toute la journée du 24, nous avons fait du charbon; nous avions à l'entour du navire des jeunes gens très frêles et paraissant avoir 14 ans au plus; ils sont restés constamment à nager dans la mer, sans se fatiguer; de temps en temps on leur jetait quelques pièces de monnaie qu'ils parvenaient presque toujours à saisir en plongeant, avant qu'elles ne touchent le fond; partis à 11 heures du soir par un temps d'orage.

15 octobre. — Navigué en vue des côtes par un temps couvert, petite brise rafraîchissant la chaleur accablante de la latitude et de la vapeur réunies; à 2 heures après-midi fait rencontre d'un bateau à vapeur américain, venant du cap Horn par Panama; nous apercevons deux à trois cents passagers; le capitaine vient à notre bord. A 3 heures après-midi nous avons perdu un pauvre vieillard paraissant très âgé; presque immédiatement après sa mort, il a été jeté à la mer; il y avait si peu d'ordre et d'humanité sur ce navire que ce pauvre malheureux a été obligé de coucher sur une pièce à eau pendant les huit derniers jours qu'il a vécu.

16-17 octobre. — Calme plat; mer magnifique, loin des côtes.

18 octobre. — Forte brise, mais vent debout.

19-20 octobre. — Nous apercevons presque toujours la terre, mer toujours calme.

21 octobre. — Arrivés à Panama, à 9 heures du soir.

22 octobre. — Débarqués à 5 heures du matin; les bateaux à vapeur, vu leur grand tirant d'eau, sont obligés de se tenir à l'ancre assez au large, et ce n'est pas sans danger qu'on va à terre sur de petites embarcations.

22 octobre. — Panama est une ville qui, d'après ses ruines, paraît avoir contenu dans un temps

60 à 70 000 âmes; il existe beaucoup de couvents et des églises; la plupart en ruines, sont recouverts de broussailles; j'ai visité la cathédrale, vaste monument délaissé par les fidèles; sept ou huit prêtres officiaient pendant qu'une douzaine d'individus au plus assistaient à la messe; rien de plus triste que cet intérieur, où vous marchez constamment sur des pierres tumulaires; on dirait, à voir la solitude qui y règne, que les morts en ont chassé les vivants. J'ai vu le consul anglais qui m'a donné quelques renseignements dont j'avais besoin; le climat très malsain et les maladies qui règnent continuellement dans cette ville en éloignent les étrangers; aussi sa population ne va-t-elle pas au delà de 7 à 8 000 âmes; nous en sommes repartis par terre à 4 heures du soir, pour aller coucher à 2 lieues de là, dans une ajoupa habitée par des natifs, où nous sommes arrivés par une nuit très obscure; j'ai vu là, dans cette baraque, une négresse qui faisait sur un carreau des petites dentelles blanches, ce qui ne m'a pas peu surpris. Je faisais la route de conserve avec deux Italiens, Génois, qui montaient chacun une mule; nous avions loué entre nous trois une troisième mule que nous payions par tiers, à raison de 83 francs par mule jusqu'à Cruces; cette dernière portait nos bagages.

23 octobre. — Partis à 6 heures du matin, nous arrivons à Cruces à 4 heures du soir; pour mon compte, ayant fait toute la route à pied par des chemins affreux, de la boue et de l'eau souvent jusqu'aux genoux, de gros cailloux qui tournaient sous vos pieds, je suis arrivé assez fatigué; mes deux camarades de route, quoiqu'ayant été constamment sur leurs mules, paraissaient tout aussi fatigués que moi; nous n'avons trouvé pour souper qu'un peu de jambon et de la mélasse.

Cruces contient environ deux à trois cents maisons, presque toutes construites avec des roseaux; quelques-unes, faites récemment, sont en planches. Nous avons couché dans l'une de ces premières maisons pendant la nuit du 23 au 24; malgré que nous fussions abrités par la toiture et les à côtés, nous avons eu cependant tellement d'humidité que nos couvertures en étaient presque transpercées.

24 octobre. — Partis à 7 heures du matin par un petit bateau manœuvré par trois Indiens, nous avons payé 10 piastres par personne pour notre passage sur la rivière de Cruces à Chagrès; arrivés à Gorgona à 8 heures, nous en sommes repartis à 9, nos matelots ayant voulu s'y arrêter pour déjeuner. Gorgona est une petite ville à peu près de la grandeur et de la même construction que Cruces, seulement les environs sont moins beaux; je n'ai jamais rien vu d'aussi beau que les bords de cette rivière qui vous conduit de Cruces à Chagrès; une végétation dont il est impossible de se faire une idée, si on n'a pas visité les pays intertropicaux; des arbres d'une hauteur prodigieuse, couverts jusqu'à leur cime des fleurs les plus belles et les plus rares; toutes les essences y abondent, sauf les arbres à résine, qu'on n'aperçoit nulle part; la rivière, quoique assez rapide dans certains endroits, est sillonnée par une multitude innombrable de barques qui montent ou descendent le courant à la rame, conduites par des Indiens qui, pour la plupart, sont entièrement nus; nous avons aperçu une foule d'oiseaux de toutes espèces, des perroquets, perruches, dindes sauvages; beaucoup de singes; des alligators, des tortues, les bords de la rivière en sont couverts; nous sommes surpris par la nuit au milieu de la rivière; la rosée tombait très forte; nous arrivons enfin à Chagrès à 9 heures du soir.

25 octobre. — Rien n'est plus triste à voir que cette ville qui se trouve partagée en deux par la rivière; on ne rencontre dans les rues que des hommes étiques, à moitié usés par les fièvres; on croirait voir des fantômes sortir de leur tombeau; une grande partie des maisons est construite en pierre; d'autres en planches; le port entre les deux villes est sûr, mais peu profond : les petits navires seuls peuvent y entrer; les gros navires se tiennent au large, presque à une lieue de la ville.

On aperçoit encore à l'entrée du port de vieilles fortifications, construites par les Espagnols, qui tombent en ruines. Le même jour nous nous embarquons à 4 heures du soir sur le bateau à vapeur anglais le *Medway;* en face de nous se trouvaient trois bateaux à vapeur américains, dont un, le *Georgia,* de 3 000 tonneaux, avait à son bord plus de 800 passagers qui, désenchantés de la Californie, s'en retournaient à New-York.

26 octobre. — Nous sommes partis à une heure du matin; nous avons navigué constamment à proximité des côtes; croisé plusieurs navires; j'ai payé pour mon passage jusqu'à Southampton, Angleterre, 175 piastres pour la deuxième classe; sur le *Medway,* les 1re et 2e classes mangent ensemble, ont le même droit de se promener partout; la seule différence qui existe, c'est que les premiers possèdent une chambre par chaque individu, et sur l'arrière du navire, tandis que les seconds ont des chambres à deux lits qui sont situées sur l'avant du navire, où la chaleur de la vapeur et le bruit de la machine se font bien plus sentir. Autant nous étions mal sur le *California*, autant nous nous trouvons bien sur le *Medway* : une propreté poussée à l'excès, une table presque somptueuse, quatre ou cinq repas par jour, c'est plus qu'il n'en faut pour abréger le temps et nous faire trouver agréables les moments que nous passons à bord; nous sommes ensuite fort peu nombreux, 30 à 40 passagers au plus, tandis que nous étions au moins 300 sur le *California*, dont la plupart d'une saleté repoussante et d'une brutalité effrayante; tous les jours nous avions des rixes à bord, tandis que sur le *Medway* on est étonné de la politesse de tous les passagers.

27 octobre. — Nous arrivons à Carthagène à 10 heures du matin; cette ville, ainsi que Panama et Chagrès, appartient à la République de la Nouvelle-Grenade; elle a un aspect imposant, paraît avoir contenu au moins 50 000 âmes; aujourd'hui elle n'en a pas 8 000. Beaucoup d'anciens couvents en ruines; de grandes fortifications, construites la plupart dans la mer, défendaient l'entrée du port; aujourd'hui, elles tombent en ruines et n'ont d'autres habitants que des oiseaux de proie, des lézards et des serpents; de Carthagène on va à Santa-Fé-de-Bogotha, capitale de la République; on remonte la rivière de la Madelaine; deux petits bateaux à vapeur font le service en vingt-cinq à trente jours pour remonter, et dix à douze jours pour descendre, dans les temps ordinaires, mais quand la rivière est basse ou trop haute, ce délai est souvent doublé; des caïmans d'une grosseur prodigieuse infestent la rivière et ses bords.

Aussitôt après notre arrivée dans le port, notre navire est entouré par une foule de petits bateaux, les uns chargés de fruits du pays, pour la plupart inconnus à des Européens, d'autres nous apportent des coquillages et des cristallisations de la mer; d'autres enfin avec des perroquets, des singes et même des animaux féroces tels qu'un léopard; au moment où nous sommes à l'ancre, arrive dans le port le *Great Western,* bateau à vapeur anglais, appartenant à la même compagnie que le *Medway;* il est beaucoup plus grand que ce dernier et a quatre mâts; il apporte la correspondance d'Europe et envoie à notre bord une assez grande quantité de colis; nous partons à 3 heures et demie du soir; les matelots exécutent les manœuvres en cadence, au son du violon, et marquent la mesure avec leurs pieds

28 octobre. — Le temps est à l'orage; la mer est grosse et debout; nous sommes loin des côtes; nous avons à bord 27 matelots ou officiers malades et retenus au lit par les fièvres qu'ils ont prises à Chagrès; les chauffeurs, éclaircis par cette maladie, ne peuvent subvenir à leur tâche, aussi marchons-nous très lentement; la machine, qui d'ordinaire exécutait 16 à 17 tours à la minute, a de la peine à atteindre le chiffre de 11 et 12

29 octobre. — La mer revient calme; à midi nous passons sur un banc d'un mille de large, sur une longueur indéfinie; le capitaine envoie une embarcation pour le reconnaître; la sonde ne trouve que 5 à 6 brasses d'eau.

30 octobre. — Continuation du beau temps.

31 octobre. — Arrivée à Saint-Thomas à 10 heures du matin; nous débarquons à midi.

Cette île appartient au Danemark; sa position au centre des Antilles et son port franc donnent à son commerce une très grande importance; la population de la ville est d'environ 12 à 15 000 âmes; d'un aspect des plus agréables, bâtie en amphithéâtre; ici tout paraît plein de vie, les maisons sont d'une fraîcheur inconnue à Panama et Carthagène; le climat, tout aussi brûlant que dans ces deux dernières villes, y est très sain; les deux tiers de la population sont composés de nègres; on y parle presque toutes les langues de l'Europe; il n'est pas rare de trouver des enfants de cinq et six ans qui répondent aux questions qu'on leur adresse en danois, français, anglais, espagnol et italien. Le port, abrité presque entièrement par des montagnes, possède dans ce moment 50 à 60 navires, dont plusieurs à vapeur. C'est là le rendez-vous des divers bateaux à vapeur de l'Atlantique et de toutes les Antilles; ils se rencontrent à Saint-Thomas le 2 et le 17 de chaque mois et échangent entre eux leur correspondance et leurs voyageurs; pour notre part, nous prenons une trentaine de passagers au moins et 1 100 tonneaux de charbon; le bateau à vapeur arrivant de la Jamaïque a été mis en quarantaine, parce que le choléra était, dit-on, dans l'île.

2 novembre. — Nous partons de Saint-Thomas à 7 heures du matin par un temps magnifique.

3 novembre. — Continuation du beau temps.

4 — — —

5 — — —

6 novembre. — Forte brise ; le navire orienté, au plus près, salue un trois-mâts, pavillon anglais ; toute la journée beaucoup de roulis.

7 novembre. — La brise continue, toujours beaucoup de roulis.

8 novembre. — Même temps ; à 10 heures du matin, nous saluons un trois-mâts américain ; magnifique navire qui passe tout près de nous ; à 4 heures du soir, nous croisons un brick danois ; le vent et la houle nous cassent notre beaupré.

9 novembre. — Le vent s'apaise ; la mer devient moins houleuse.

10 novembre. — Pas de vent, mer tout à fait calme ; à 10 heures du matin, tous les officiers et matelots appartenant au navire se réunissent en grande toilette sur le pont ; les chauffeurs d'un côté, les matelots de l'autre; on procède à l'appel; ils défilent ensuite par ordre et s'en vont au salon où le capitaine célèbre l'office divin; pendant un moment la cloche appelle les fidèles au prône.

11 novembre. — Le beau temps continue, nous augmentons en vitesse

12 novembre. — Le beau temps continue, nous augmentons en vitesse.

13 novembre. — A 6 heures du matin, aperçu les îles Corvo et Flore, sur notre droite, à une distance de 15 lieues environ.

14 novembre. — A 11 heures du matin, croisé et échangé des signaux avec un brick anglais allant à Terre-Neuve; belle mer, vent debout.

15 novembre. — Pas de vent, mer calme.

16 — Pas de changement.

17 — Faible brise, temps brumeux.

18 — Faible brise, temps brumeux, croisé plusieurs navires.

19 novembre. — De 9 heures du matin à midi nous passons entre l'île de Wight et la terre d'Angleterre, nous prenons un pilote; nous passons devant plusieurs forts; les campagnes paraissent parfaitement cultivées; à 2 heures et demie après-midi nous arrivons à Southampton, un petit bateau à vapeur vient nous chercher et à 4 heures nous débarquons, laissant nos effets à la douane.

20 novembre. — Le bateau à vapeur du Havre ne partant que deux fois par semaine, nous profitons du temps de notre séjour pour retirer nos effets de la douane et visiter la ville, qui est très étendue; les rues sont fort larges, surtout dans les nouveaux quartiers; les bassins du port sont remplis de bateaux à vapeur, qui partent tous les jours pour toutes les parties du monde; un chemin de fer conduit à Londres, en deux heures et demie ou trois heures. Nous nous embarquons à 11 heures du soir sur un petit bateau à vapeur et nous partons à minuit.

21 novembre. — La traversée a été mauvaise, la mer était très orageuse; nous avons eu près de trois heures de retard; nous arrivons enfin au Havre et débarquons à 10 heures du matin pour partir à

4 heures du soir par le chemin de fer, et nous sommes rendus à Paris à 11 heures du soir.

L'année d'avant 1849, le 21 novembre, jour pour jour, je débarquais à San Francisco, après une traversée de 181 jours.

A. ANDRÉ.

Décembre 1850.

PARIS

TYPOGRAPHIE PLON-NOURRIT ET Cie

8, rue Garancière

www.ingramcontent.com/pod-product-compliance
Lightning Source LLC
LaVergne TN
LVHW020421230826
846091LV00004B/1363